SOLAMENTE EVA

Primera edición, octubre 2025

© Dale Zaccaria

Edición coordinada por:
Opera Prima
C/ Espejo, 10
28013, Madrid
Tels. 91 559 29 49 / 696 57 01 31
operaprima@operaprima.es
www.operaprima.es

Traducción al castellano: Eva Sánchez Barroso
Portada: Andrea Aronica
Diseños: Lola Kola
Maqueta: Nacho Donoso Bailón

ISBN: 978-84-10244-78-8
Depósito legal: M-21852-2025

Impreso en España

SOLAMENTE EVA

DALE ZACCARIA

Opera Prima

Dedico este cuento a Sara Millerey y a todas las mujeres trans que luchan por ser sí mismas

ÍNDICE

INTRODUCCIÓN

ITALIANO

Quando il teatro della vita si spegne, si accende Lola.

Lola è il punto finale della rappresentazione della società: una società in cui la libertà nel pensiero di un bambino è costantemente ferita dalle regole degli adulti, una società pervasa dagli onnipresenti modelli fondati su felicità apparenti e continue frustrazioni, una società in cui il piacere è peccato e alla fine la felicità rimane un inafferrabile miraggio.

Lola, al contrario, rappresenta il teatro della vita quando le luci si spengono: quando finisce il pranzo in famiglia, quando termina la messa domenicale, quando si ritorna a casa dopo lo shopping al centro commerciale, quando anche in ufficio si spengono le luci ma non vogliamo ritornare nelle nostre case. Ebbene, quando si spengono i riflettori, Lola entra in scena: il pubblico la cerca, la desidera, la prende, la paga, poi la disprezza, la insulta, la nasconde ed infine, di Lola, il pubblico ha paura. Perché Lola non è che lo specchio delle nostre vite fatte di desideri mai espressi, di istinti repressi, di odio verso ciò che ci mette a nudo.

Ma Lola rappresenta anche un luogo sicuro del proprio piacere.

Lola rappresenta il piacere di cui abbiamo bisogno per espiare le nostre colpe.

Lola rappresenta il nostro rifiuto di fronte alla società.

Lola fa paura, perché rivela la nostra vera natura, perché di fronte a lei le nostre maschere, i nostri modelli, svaniscono lasciandoci nudi.

Mettersi nudi e mettersi a nudo è un atto fondamentale per l'essere umano perché grazie ad esso si raggiunge, oltre le nostre infinite fragilità coperte dagli abiti della società, quel senso di aderenza totale tra ciò che vorremmo essere e ciò che in realtà siamo. Ed è proprio così che senza Lola continuiamo a vivere, nascondendoci in ogni momento perché spesso quello che desideriamo più ardentemente ci provoca vergogna, ci fa sentire giudicati, ci fa sentire di non appartenere a quel gruppo sociale che ammiriamo tanto e di cui vogliamo continuare ad essere parte.

La vita di Lola, narrata con l'arte poetica di Dale Zaccaria, parola dopo parola, prende forma dentro le nostre vite, aiutandoci a rivelare l'altra nostra metà: la metà di noi che non possiamo raccontare ma di cui abbiamo un estremo bisogno perché grazie ad essa potremmo avere l'imperdibile occasione di raggiungere quella la felicità che tanto ci neghiamo.

Leggere la vita di Lola diventa quindi un viaggio nella propria anima. Un momento in cui riflettere sul senso delle nostre decisioni, delle nostre parole, dei nostri desideri, per renderci conto che il tempo è un risorsa limitata e non possiamo sprecarlo ad odiare gli altri, tantomeno detestare ciò che siamo veramente. Spogliamoci, come faremo davanti a Lola, e accendiamo le luci della nostra vita.

CASTELLANO

Cuando el teatro de la vida se apaga, Lola se ilumina.

Lola es la última etapa de la representación de la sociedad: una sociedad donde la libertad de pensamiento de un niño se ve constantemente socavada por las normas de los adultos, una sociedad impregnada de patrones omnipresentes basados en la felicidad aparente y la frustración constante, una sociedad donde el placer es pecaminoso y, en última instancia, la felicidad sigue siendo un espejismo esquivo.

Lola, en cambio, representa el teatro de la vida cuando se apagan las luces: cuando termina la comida familiar, cuando termina la misa dominical, cuando volvemos a casa después de ir de compras al centro comercial, cuando incluso se apagan las luces en la oficina pero no queremos volver. Pues bien, cuando se apagan los focos, Lola entra en escena: el público la busca, la desea, la toma, paga por ella, luego la desprecia, la insulta, la esconde y, finalmente, el público le teme. Porque Lola no es más que el espejo de nuestras vidas, hechas de deseos no expresados, instintos reprimidos y, en definitiva, de odio hacia lo que nos desnuda. Pero Lola también representa un refugio para nuestro propio placer.

Lola representa el placer que necesitamos para expiar nuestros pecados.

Lola representa nuestro rechazo a la sociedad.

Lola da miedo porque revela nuestra verdadera naturaleza, porque frente a Lola, nuestras máscaras, nuestros modelos, se desvanecen, dejándonos desnudos ante ella.

Así que desnudarse y verse como realmente es uno mismo es un acto fundamental para el ser humano porque a través de él, más allá de nuestras infinitas fragilidades encubiertas por las vestiduras de la sociedad, alcanzamos esa sensación de armonía total entre lo que nos gustaría ser y lo que realmente somos. Y así es precisamente como sin Lola seguimos viviendo, ocultándose a cada instante porque a menudo lo que más deseamos nos avergüenza, nos hace sentir juzgados, nos hace sentir que no pertenecemos a ese grupo social que tanto admiramos y del que queremos seguir formando parte.

La vida de Lola, narrada con el arte poético de Dale Zaccaria, palabra tras palabra, cobra forma dentro de las nuestras, ayudándonos a revelar nuestra otra mitad: esa mitad de nosotros mismos de la que no podemos hablar, pero que necesitamos desesperadamente, porque gracias a ella, podríamos tener la oportunidad irresistible de alcanzar la felicidad que tanto nos negamos.

Leer la vida de Lola se convierte así en un viaje al interior de nuestra propia alma. Una ocasión para reflexionar sobre el significado de nuestras decisiones, nuestras palabras, nuestros deseos, para darnos cuenta de que el tiempo es un recurso limitado y no podemos desperdiciarlo odiando a los demás, y mucho menos detestando a quienes realmente somos. Desnudémonos como lo haríamos frente a Lola y encendamos las luces de nuestra vida.

ERIK ZANON

PRÓLOGO

Cuando mi amiga Dale me pidió que comentara el pequeño relato sobre una mujer trans que había escrito pensé que sería una tarea no muy complicada, al fin y al cabo se trataba de hablar de algo que me tocaba muy cercano puesto que yo soy una mujer trans.

Sin embargo, al poco descubrí que no sería tan sencillo. La historia evoca el presente de una mujer trans marginada por la sociedad, teniendo que dedicar su vida a la prostitución, que era la única salida que teníamos hace años las mujeres trans y que provocó que yo no me atreviera hasta hace relativamente pocos años a visibilizarme completamente como mujer.

La parte donde cuenta que Antonio había pasado toda una noche vistiéndose de mujer con sus primas y que al día siguiente tenía que ir al colegio evoca mis inicios cuando yo me vestía con 14 años con la ropa de mi madre, era para mí un momento único de satisfacción y disfrute, de soñar con que algún día podría ir vestida por el mundo de esa manera, ser libre de ser quien yo quería ser: una verdadera mujer.

Lola es un personaje deseado pero al mismo tiempo prohibido, los hombres con los que está solo quieren sexo de ella, algunos le pagan y otros la hacen compañía, pero sin considerarla una mujer como otra cualquiera, en el fondo la ven como un objeto sexual, fuera de la sociedad, nadie la presentaría como su novia.

Pero Lola se ha hecho ya a eso, porque sabe qué es lo que hay, y está dispuesta a pagar ese precio por ser mujer, que es lo que ella más anhela en este mundo.

Lola es libre a pesar de estar enjaulada en un mundo lleno de prejuicios, falsedades, condenada a la marginalidad.

Es este un relato a veces difícil de comprender, no es un relato al uso, son pinceladas de la vida de una persona y su deseo de vivir su vida, de vivir como mujer a pesar de habérsele asignado el género masculino al nacer, preocupándose por parecer femenina, aunque no sea aceptada socialmente, a pesar del que dirán y lo que le quiere marcar la sociedad.

No es una vida fácil, ni seguramente lo que Lola desearía para ella, le gusta la Moda pero no es un mundo donde ella sea aceptada, lo intenta y lo hecha de menos.

Es un relato conmovedor, duro, triste en el fondo, por lo que Lola anhela pero no puede conseguir, sólo consigue a duras penas subsistir.

Pero su gran victoria es conseguir ser ella misma a pesar de las barreras que se le han puesto por parte de esta sociedad, ser libre, ser mujer y ser auténtica sin hacer daño a nadie.

Vive y deja vivir.

Susana Fernández

SOLAMENTE EVA

LOLA

Lola tiene una boca grande como un bosque. Y ojeras que saben de droga y elegancia.

Cuando él introduce la mano entre sus piernas, ella es menos hombre.

—¿Me amas? —Él, que la toma por la espalda sin comprometerse.

—¿Me amas? —Una vez más, su sexo dentro de la boca, mientras Lola aprieta las piernas para sentirse un poco más mujer.

Lola entra y sale de escena. Sabe que, cuando el tigre está enjaulado, está menos sola.

Lola tiene señas para las flores que nunca le han enviado. Para cada sueño tiene unas enaguas.

Y dos pechos pequeños entre el deseo y la miseria.

—¿Tienes dinero?

—Suficiente.

—¿Cómo son?

—¿Qué quieres saber?

—¿Cómo son los hombres que te pagan?

—Como tú. Hombres.

—¿Quieres que te deje algo?

—No, estoy bien.

—Podemos vernos mañana.

—Tendría que dejar entrar más luz en esta habitación.

—No puedes, y lo sabes, Lola.

—No puedo muchas cosas.

—¿Todavía dibujas?

—Vete ya. Llegará pronto.

—Imagino que será el típico hombre casado.

—No es el único.

—¿El tratamiento?

—Lo sigo siempre.

—No te pases con la dosis.

—¡Vete! Tengo que trabajar.

Él se abrocha los pantalones. Deja un paquete de cigarrillos sobre la pequeña mesa de madera.

—Por si quieres fumar.

Le muerde la boca y sale.

ANTONIO

—¡**A**ntonio!, Antonio, date prisa, tenemos que irnos.

Recuerdo que mi madre tuvo que llamarme muchas veces para llevarme al colegio el primer día.

Había estado toda la noche, casi hasta por la mañana, con mi prima en la habitación probándonos vestidos, tacones y pintalabios.

Vestido número uno, cambio de escena, y así hasta que caímos rendidas por el sueño.

—¿Lo has cogido todo?

—Sí, lo llevo todo.

Mi madre, Nirvana. Un nombre que, para una mujer del sur, de montaña, es como un pasaporte para otro mundo. Cuenta mi abuela que el nombre lo cogió su marido de una actriz de una película. Nunca se ha sabido quién era la actriz ni cuál era la película.

Llegamos a la escuela, con mi cabello rubio, largo hasta los hombros, y mis hombros más anchos y robustos que los de las otras niñas. La directora me miró fijamente a la cara, farfulló algo en voz baja, y se dirigió a mi madre con una actitud entre educada e incómoda.

—Nombre del…

—Antonio —contestó mi madre algo molesta—. Antonio, siete años, mi segundo hijo varón, el mayor está ya en la universidad.

Mi madre siempre ha sabido salir adelante, más que yo. Yo que desde entonces he tenido que acostumbrarme a sentir sobre mí las miradas de la gente, antes que las palabras.

—Perdona, pero eres un niño o una niña. —Los niños siempre hacen preguntas. Conmigo estas preguntas siempre fueron directas. Sus miradas, entre curiosas e incrédulas, confundidas, murmurando entre ellas al oído. La incomodidad y las miradas intensas, sin piedad a veces, de las maestras. Mi madre me sacó de aquella que hubiera sido mi primera y joven jaula. Me llevaba a la escuela con ella, siendo maestra de infantil.

—Quédate conmigo, Antonio, pero no le digas a nadie que eres mi hijo.

Igual que muchas madres, me puso de barrera ante el mundo y se convirtió en escudo para mi sentir. Derribando así aquellas primeras

rejas, barreras, prisiones, que se me habían cons-
truido alrededor. Así, aquel *no* que cada mañana
resonaba en mi cabeza, en mi cama, hasta blo-
quearme e impedir que me levantase, aquel *no*
mi madre lo convirtió en un *aquí*, un *ahora* junto
a ella.

—No quiero que te conviertas en uno de
sus miedos, Antonio, y tú no debes tener miedo
—me repetía. Porque mi madre sabía que
habrían hecho de mí una excusa, un pretexto
para la ambigüedad, un elemento caótico que
la institución tenía que normalizar.

Pero las reglas son como las ramas, dema-
siado duras, y antes o después se rompen solas.

LOLA

Los amores de Lola pasaban por su vida dejando huella. En ella todo estaba dirigido hacia algo más grande, mejor. Dado, Boris y todos los demás hombres nunca la iban a abandonar. Hombres que eran amigos, amigos que se convertían en amores, amores que se apagaban cuando ella los miraba con cierta distancia. Y entonces, como si fueran espejismos, se convertían en desafecto sin juegos ni vicios ni amor.

—El amor siempre está sobre nosotros. —Y abrió una botella de vino blanco que vertió en dos vasos, uno de ellos manchado ligeramente con pintalabios rosa.

—Aquí no hay luz —dijo sin pensar.

Lola hizo sitio en la mesa, apartó los libros que estaba leyendo y puso la botella en el centro.

La casa era una habitación enana con una cama cubierta por un manta azul oscuro en el centro. Encima algunas prendas de lencería. Y bajo la ventana, su máquina de coser blanca.

—No estoy peleada con nadie —y siguió bebiendo—, no me interesa pelearme con nadie.

—Sin embargo, Lola, a veces la humanidad se cierne sobre nosotros…

—Lo sé, para desviarnos de nuestro camino, pero es suficiente con estar por encima —se giró para coger sus bocetos—, ¿quieres verlos?

Había vivido en París dos años. Moda, dinero, un compañero.

—Tenía todo, pero me faltaba la humanidad. No escuchaba nada. Solo vivía en la abundancia. Y ahora aquí estoy, sin dinero ni para cigarrillos. Así, en la soledad, he entendido qué es sentir el mundo, qué significa estar fuera, enfrentarse a la vida, sentir a esa humanidad que se abalanza sobre ti.

—Se parecen mucho a ti.

—Trabajando en la moda he comprendido que hay que seguir el ritmo del tiempo, estar en el tiempo adecuado. »Adelantarse, ser una mujer del futuro, hace que te quedes fuera.

—¿Echas de menos la moda?

—Bueno, creo que hay cosas que, o se hacen a fondo, o no se hacen.

—¿Y no tienes miedo? Quiero decir, de…

1
COCO
69
COCO 69

—¿Los clientes? No. Créeme que les cuesta más trabajo a ellos. Un hombre casado que viene conmigo tiene que montar una gran mentira. Imagina cuántos atajos tiene que inventarse para meterse en esta cama.

—Entonces no tienes miedo. —Y comenzó a ordenar su mochila, tirada en el suelo a sus pies.

—Suena el teléfono, timbrazos anónimos, uno, dos, tres… solo hoy puedo contar… bueno, qué más da. Yo estoy aquí. Lo que tenga que pasar, pasará.

—¿Y qué piensas de ellos?, quizá alguno te ha interesado.

—Sabes, ellos pagan por un vicio. Yo soy su vicio. Además, la mayoría de las veces parece que vienen a ponerse hasta arriba de droga, para tenerte junto a ellos. A veces ni siquiera te tocan.

—Se hace tarde, Lola, me voy.

—Si quieres puedes quedarte aquí…

Dudó un momento antes de responder.

—Gracias, pero prefiero irme.

La botella de vino se terminó con la conversación. La máquina de coser blanca, con su

mueble de madera, permanecía cerca de la ventana oscurecida con cartones.

Roma se acababa en un rectángulo de patios
españoles. La forja de los balcones igual que
tantos pasillos, las habitaciones cuyas puertas
se abrían a un pedazo de cielo.

La colada, tendida a medida de las cosas,
dirigida hacia el suelo, entre la noche y el des-
tino de la gente.

Tras una de las cancelas de este barrio,
bajando por una corta calle, se abría y cerraba la
habitación de Lola. A veces Lola se sentía menos
sola, porque se saciaba con un amor imprevisto,
aquel amor, sin ida ni vuelta.

ANTONIO

En verano, Roma se desvanece en una especie de peregrinaje lejos de la ciudad. Todos los amigos desaparecen de pronto con el calor de agosto. El invierno pasó entre camas, fiestas y vestidos nuevos, diferentes, que ponerse.

He perseguido a mis hombres, les he acogido, cuidado, comido con pan de odio y de amor.

He vuelto aquí, con mi familia, a esta azotea de Calabria. De nuevo enjaulado.

Me fumo mi droga, bebo todo lo que encuentro, hablo con las tías, no me pinto los labios ni me tiño el cabello. Mi última salida al escenario en la gran ciudad fue una pelea de amor con Boris.

Ahora me he retirado aquí, veo el mar, pero no lo toco. Si fuera hasta allí, sé que lo que me espera son solo miradas. Porque he aprendido que siempre me dirigen primero las miradas que las palabras.

—¿Dónde vas ahora?

—Me voy, Lola, estoy cansado de tus celos.

—Boris, podríamos hablarlo. —Y le agarró.

—Por favor, no me estrujes de esta manera.

—Estás paranoico, obsesionado.

—Lola, estás puesta y no sabes lo que dices.

—Yo te amo, lo sabes. —Y le mordí la boca.

—Hueles a alcohol como un hombre.

—También lo soy.

—Ahora déjame, hablaremos.

—Mañana me voy, ya lo sabes.

—Vale, hablamos cuando vuelvas.

Soy tan hermosa, y estoy tan llena de verdadero amor, que muchas veces quieren verme de cerca, y aparece el último golpe de látigo, el aplauso, una reverencia, y el espectáculo parece que termina, pero el circo tiene sus reglas y la gente paga para verte. Eres la reina del espectáculo.

¿Qué importancia tienen una gorda o un enano?, yo puedo provocar más curiosidad y más miedo. Los hombres se me acercan, y las mujeres son, a menudo, mis mejores amigas, nos hacemos mejor compañía.

Ahora el toro busca al tigre. Y el tigre sabe que hay que atravesar las cosas para entenderlas mejor. De todos los roles femeninos, los de santa y puta son los que mejor me cuadraban. Madre o esposa no, no es un papel que me permitan ni el Estado ni la naturaleza. Por otra parte, me decía a mí misma que es mejor ser la puta de estos hombres que su esposa.

LOLA

Siempre vuelvo dos veces al escenario del crimen. Incluso si me había asesinado yo a mí misma, sola. Soy cabezota. No conozco otros sistemas. Pero el infierno permanece. Y sin embargo hay un toque de oro sobre todas las cosas. Tanto el toque como el oro. Las mismas hormonas de siempre, las mismas drogas, nuevas algas de Daniel y mucho alcohol. Este menos que antes, la reserva se ha terminado. Esperamos a la camioneta de los licores. Dice que ha pinchado una rueda y se retrasa. No tenemos prisa. Esperamos que amanezca. Y a pesar de todo tampoco están tan mal estas noches. De todas formas, estás en el infierno. Y, afortunadamente, tienes la luna en exclusiva, así que tan mal no estás. La misma luna de siempre. Más astuta que entonces y que yo. Me peleé con ella y no la miraba, pero ella brillaba igualmente.

Como hoy con el mar. Me ha perdido y no me ve. Punto. Me embrutezco en estas jaulas. Sin embargo, las frecuento. *We are no good!* Aunque la sigamos desafiando, a la muerte, por capricho… quién sabe… Con estas temperaturas la muerte no calienta ni hiela. Y a pesar de todo, cae una lágrima. Así soy yo. Sobre el papel funciona todo, ricas, famosas y talentosas. Entre el león de oro y el disco de oro. Un momento de oro. Pero no reaccionas. Y colgarte de cada botella que se pone a tiro no ayuda. Pero hay nenes. *Night and day*. Cómo se puede tener un corazón así y querer perderlo. Ah, sí, para esto somos las mejores. Un auténtico talento. El amor, o te embriaga o nada. ¿No estamos ya lo suficientemente borrachas? No, voy bien, cariño. Sé hacerme daño sola, gracias. No necesito tus consejos. Recuerda que yo no voy a la iglesia. Y que he sido capaz de crearme el infierno aquí mismo. Que no se preocupe nadie por ninguna revolución, porque no sirve para nada. Que se queden con su Señor. Si acaso ya hablaré yo con él. Hemos despistado a más de un matón, lo podremos conseguir. Hemos superado algún adiós. Algunos adioses llegan así.

ANTONIO

Nos separamos una tarde. Él dormía. Yo pensaba. Pensaba que tendría que dejarlo. Pensé en preparar café y dejarle después. Cuando se despertó, recapacité. Pensé que aún quería seguir con la partida, aunque fuera difícil. Peligroso para los dos. Era tan hermoso. Un hombre de sangre y piedra. Jamás una opinión prestada, nunca calculando lo que decía, y músculos de verdad. De trabajo auténtico. Unos hombros como nunca había visto, capaces de llevar una cruz. Y, luego, un humor raro. Cuando jugaba con el perro o con niños se me paraba el corazón. El que no tengo. Al final, aquella tarde me dejó él. Tenía razón, por los mismos motivos por los que le hubiera dejado yo, me dejó, así que nos dejamos de mutuo acuerdo. Y nos dejamos sin habernos tenido nunca. La casa para él, el resto para mí. Yo misma.

LOLA

El espíritu, como la naturaleza, le tiene miedo al vacío. En el vacío, la naturaleza pone el amor; el espíritu pone a menudo el odio. El odio es colmatador.

El odio por el odio existe. El arte por el arte forma parte de la naturaleza, más de lo que se cree.

Se odia. Hay que hacer algo.

El odio gratuito, una definición formidable. Significa que el odio se recompensa a sí mismo.

El oso vive para lamerse las garras.

Pero no exclusivamente. Hay que alimentar a las garras. Hay que llenarlas con algo.

El odio sin definir es agradable durante un rato; pero es necesario un objetivo. Una vaga animosidad contra la creación agota, como todos los placeres solitarios. Lo que anima la partida es tener un corazón al que herir.

No se puede odiar solamente por el gusto. Hace falta un condimento. Un hombre, una mujer, alguien a quien destruir.

Los seres humanos se aman y se odian de la misma manera, Lola lo sabía. La locura, el delirio son una motivación para pasar el tiempo, para combatir el aburrimiento, para destruir al objeto de nuestro amor y odio. Pero Lola no tenía enemigos a los que combatir, amores que destruir, en ninguna de sus numerosas formas, en tantos espectáculos, cabarets para el público frente a la luna, frente a sí misma. El mundo que no la reconocía no la encontraba en ningún lugar, ahora mujer, ahora hombre, ahora ambos. El mundo que no sabía nada de ella, y del que ella sabía todo. No había altares para sus sacrificios, no había conventos donde esconderse. Solo camas deshechas por el mucho amor que llevaba consigo. Un amor tan grande que ni siquiera el público que aplaudía mientras el tigre se peinaba y rugía, era capaz de oír. Ese amor que era su única posibilidad, su tabla de salvación, su blanca soledad. Por cuanto fuera dulce o malvado el domador de su corazón, por cuanto lejos o cerca estuviera su tierra, cuantos amigos iban y venían, cuantos vasos apurados en el almacén de su sexo, que asustaba, provocaba curiosidad, excitaba. Y los hombres hacían cola para observarla en su jaula. Y los maridos suplicaban entre sus pechos para no volver con sus mujeres, y un globo rojo que se le escapó a una niña que quería acariciar. Cuando Lola está libre, cuando las iglesias están cerradas, los edificios quietos, las alcobas vacías y no hay luz en las ventanas indicando vida, y Lola comienza una de sus tantas vidas, ni siquiera Antonio sabe dónde encontrarla. Hay quien dice haberla visto en París cantando blues, con su piel negra y tumbada sobre un piano. Quien la ha encontrado en un baño limpiándose el pintalabios. Hay quien la ha visto madre, con un hijo, y quien dice haber bailado con ella un tango en la otra punta del mundo.

Y hay quien cuenta que, saliendo de la jaula, ha escapado al paraíso.

Solamente Eva se terminó de imprimir en Madrid
en el mes de octubre del año 2025